¿Qué es Kumon?

Kumon es la empresa líder mundial en educación suplementaria y un líder en la obtención de resultados académicos sobresalientes. Los programas extracurriculares de matemáticas y lectura proporcionados en los centros Kumon alrededor del mundo han contribuido al éxito académico de los (las) niños(as) por más de 50 años.

Los cuadernos de ejercicios de Kumon representan tan sólo una parte de nuestro currículo completo, que incluye materiales desde nivel preescolar hasta nivel universitario, y se enseña en nuestros Centros Kumon bajo la supervisión de nuestros(as) instructores(as) capacitados(as).

El método Kumon permite que cada niño(a) avance exitosamente mediante la práctica hasta dominar los conceptos progresando gradualmente. Los (las) instructores(as) cuidadosamente asignan tareas a sus alumnos(as) y supervisan su progreso de acuerdo a las destrezas o necesidades individuales.

Los (Las) estudiantes asisten usualmente a un centro Kumon dos veces por semana y se les asignan tareas para que practiquen en casa los restantes cinco días. Las tareas requieren aproximadamente de veinte minutos.

Kumon ayuda a estudiantes de todas las edades y con diferentes aptitudes a dominar los fundamentos básicos de una asignatura, mejorar sus hábitos de estudio y la concentración y adquirir mayor confianza.

¿Cómo comenzó Kumon?

HACE 50 AÑOS, EN JAPÓN, Toru Kumon, un padre y maestro, encontró la forma de ayudar a su hijo Takeshi a mejorar su rendimiento académico. Siguiendo los consejos de su esposa, Kumon desarrolló una serie de ejercicios cortos que su hijo podría completar exitosamente en menos de veinte minutos diarios, los cuales ayudaron poco a poco a que la matemática le resultara más fácil. Ya que cada ejercicio era ligeramente más complicado que el anterior, Takeshi pudo adquirir el dominio necesario de las destrezas matemáticas mientras aumentaba su confianza para seguir avanzando.

El hijo de Kumon tuvo tanto éxito con este método único y autodidacta, que Takeshi pudo realizar operaciones matemáticas de cálculo diferencial e integral en sexto grado. El Sr. Kumon, conociendo el valor de una buena comprensión lectora, desarrolló un programa de lectura utilizando el mismo método. Estos programas constituyen la base y la inspiración que los centros Kumon ofrecen en la actualidad bajo la guía experta de instructores(as) profesionales del método Kumon.

Sr. Toru Kumon
Fundador de Kumon

¿Cómo puede ayudar Kumon a mi hijo(a)?

Kumon está diseñado para niños(as) de todas las edades y aptitudes. Kumon ofrece un programa efectivo que desarrolla las destrezas y aptitudes más importantes, de acuerdo a las fortalezas y necesidades de cada niño(a), ya sea que usted quiera que su hijo(a) mejore su rendimiento académico, que tenga una base sólida de conocimientos, o resolver algún problema de aprendizaje, Kumon le ofrece un programa educativo efectivo para desarrollar las principales destrezas y aptitudes de aprendizaje, tomando en cuenta las fortalezas y necesidades individuales de cada niño(a).

¿Qué hace que Kumon sea tan diferente?

Kumon está diseñado para facilitar la adquisición de hábitos y destrezas de aprendizaje para mejorar el rendimiento académico de los (las) niños(as). Es por esto que Kumon no utiliza un enfoque de educación tradicional ni de tutoría. Este enfoque hace que el (la) niño(a) tenga éxito por sí mismo, lo cual aumenta su autoestima. Cada niño(a) avanza de acuerdo a su capacidad e iniciativa para alcanzar su máximo potencial, ya sea que usted utilice nuestro método y programa como un medio correctivo o para enriquecer los conocimientos académicos de su hijo(a).

¿Cuál es el rol del (de la) instructor(a) de Kumon?

Los (Las) instructores(as) de Kumon se consideran mentores(as) y tutores(as), y no profesores(as) en un sentido clásico. Su rol principal es el de proporcionar al (a la) estudiante el apoyo y la dirección que lo (la) guiará a desempeñarse al 100% de su capacidad. Además de su entrenamiento riguroso en el método Kumon, todos los (las) instructores(as) Kumon comparten la misma pasión por la educación y el deseo de ayudar a los (las) niños(as) a alcanzar el éxito.

KUMON FOMENTA:

- El dominio de las destrezas básicas de las matemáticas y de la lectura.
- Una mejora en el nivel de concentración y los hábitos de estudio.
- Un aumento de la confianza y la disciplina del (de la) alumno(a).
- El alto nivel de calidad y profesionalismo en todos nuestros materiales.
- El desempeño del máximo potencial de cada uno(a) de nuestros(as) alumnos(as).
- Un sentimiento agradable de logro.

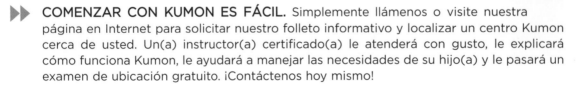

COMENZAR CON KUMON ES FÁCIL. Simplemente llámenos o visite nuestra página en Internet para solicitar nuestro folleto informativo y localizar un centro Kumon cerca de usted. Un(a) instructor(a) certificado(a) le atenderá con gusto, le explicará cómo funciona Kumon, le ayudará a manejar las necesidades de su hijo(a) y le pasará un examen de ubicación gratuito. ¡Contáctenos hoy mismo!

USA o Canada	800-ABC-MATH (English only)	www.kumon.com
Argentina	54-11-4779-1114	www.kumonla.com
Colombia	57-1-635-6212	www.kumonla.com
Chile	56-2-207-2090	www.kumonla.com
España	34-902-190-275	www.kumon.es
Mexico	01-800-024-7208	www.kumon.com.mx

Sumando I

I + I al 9 + I

Nombre

Fecha

A los padres

Entender el concepto de sumar 1 es un paso básico en el aprendizaje de la suma. Cuando su hijo(a) complete cada ejercicio, felicítelo(a). Como ayuda encontrará que algunas páginas contienen una gráfica de números, las respuestas están incluidas en esa gráfica.

■ Resuelve las sumas de abajo.

(1)   I + I =

(2)   2 + I =

(3)   3 + I =

(4)   4 + I =

(5)   5 + I =

(6)   6 + I =

(7)   7 + I =

(8)   8 + I =

(9)   9 + I =

(10)   I + I =

(11)   2 + I =

(12)   3 + I =

(13)   5 + I =

(14)   4 + I =

(15)   6 + I =

(16)   8 + I =

(17)   9 + I =

(18)   7 + I =

(19)   8 + I =

(20)   9 + I =

I 2 3 4 5 6 7 8 9 10

■ Resuelve las sumas de abajo.

(1) $10 + 1 =$

(2) $11 + 1 =$

(3) $12 + 1 =$

(4) $13 + 1 =$

(5) $14 + 1 =$

(6) $15 + 1 =$

(7) $16 + 1 =$

(8) $17 + 1 =$

(9) $18 + 1 =$

(10) $19 + 1 =$

(11) $12 + 1 =$

(12) $15 + 1 =$

(13) $10 + 1 =$

(14) $13 + 1 =$

(15) $11 + 1 =$

(16) $14 + 1 =$

(17) $17 + 1 =$

(18) $18 + 1 =$

(19) $16 + 1 =$

(20) $19 + 1 =$

11 12 13 14 15 16 17 18 19 20

2 Sumando 1
20+1 al 29+1

Nombre

Fecha

■ Resuelve las sumas de abajo.

(1) $20 + 1 =$

(2) $21 + 1 =$

(3) $22 + 1 =$

(4) $23 + 1 =$

(5) $24 + 1 =$

(6) $25 + 1 =$

(7) $26 + 1 =$

(8) $27 + 1 =$

(9) $28 + 1 =$

(10) $29 + 1 =$

(11) $26 + 1 =$

(12) $23 + 1 =$

(13) $29 + 1 =$

(14) $20 + 1 =$

(15) $27 + 1 =$

(16) $22 + 1 =$

(17) $24 + 1 =$

(18) $21 + 1 =$

(19) $25 + 1 =$

(20) $28 + 1 =$

| 21 | 22 | 23 | 24 | 25 | 26 | 27 | 28 | 29 | 30 |

■ Resuelve las sumas de abajo.

(1) $1 + 1 =$

(2) $2 + 1 =$

(3) $4 + 1 =$

(4) $6 + 1 =$

(5) $7 + 1 =$

(6) $8 + 1 =$

(7) $11 + 1 =$

(8) $12 + 1 =$

(9) $15 + 1 =$

(10) $16 + 1 =$

(11) $17 + 1 =$

(12) $18 + 1 =$

(13) $19 + 1 =$

(14) $21 + 1 =$

(15) $22 + 1 =$

(16) $24 + 1 =$

(17) $25 + 1 =$

(18) $26 + 1 =$

(19) $27 + 1 =$

(20) $29 + 1 =$

Nombre
Fecha

A los padres

A partir de esta página, su hijo(a) practicará con fórmulas adicionales que incluyen el número 2. Si tiene dificultades al sumar 2, por favor anímelo(a) a regresar a practicar la suma del 1 antes de continuar.

■ Resuelve las sumas de abajo.

(1) $1 + 2 =$

(2) $2 + 2 =$

(3) $3 + 2 =$

(4) $4 + 2 =$

(5) $5 + 2 =$

(6) $6 + 2 =$

(7) $7 + 2 =$

(8) $8 + 2 =$

(9) $4 + 2 =$

(10) $5 + 2 =$

(11) $1 + 2 =$

(12) $3 + 2 =$

(13) $2 + 2 =$

(14) $6 + 2 =$

(15) $8 + 2 =$

(16) $7 + 2 =$

(17) $5 + 2 =$

(18) $8 + 2 =$

(19) $6 + 2 =$

(20) $7 + 2 =$

1	2	3	4	5	6	7	8	9	10

■ Resuelve las sumas de abajo.

(1)　9 + 2 =

(2)　10 + 2 =

(3)　11 + 2 =

(4)　12 + 2 =

(5)　13 + 2 =

(6)　14 + 2 =

(7)　15 + 2 =

(8)　16 + 2 =

(9)　17 + 2 =

(10)　18 + 2 =

(11)　14 + 2 =

(12)　12 + 2 =

(13)　10 + 2 =

(14)　13 + 2 =

(15)　9 + 2 =

(16)　15 + 2 =

(17)　11 + 2 =

(18)　18 + 2 =

(19)　16 + 2 =

(20)　17 + 2 =

| 11 | 12 | 13 | 14 | 15 | 16 | 17 | 18 | 19 | 20 |

Nombre	
Fecha	

■ Resuelve las sumas de abajo.

(1) $19 + 2 =$

(2) $20 + 2 =$

(3) $21 + 2 =$

(4) $22 + 2 =$

(5) $23 + 2 =$

(6) $24 + 2 =$

(7) $25 + 2 =$

(8) $26 + 2 =$

(9) $27 + 2 =$

(10) $28 + 2 =$

(11) $19 + 2 =$

(12) $21 + 2 =$

(13) $23 + 2 =$

(14) $24 + 2 =$

(15) $20 + 2 =$

(16) $22 + 2 =$

(17) $27 + 2 =$

(18) $28 + 2 =$

(19) $25 + 2 =$

(20) $26 + 2 =$

21 22 23 24 25 26 27 28 29 30

1+2 al 28+2

■ Resuelve las sumas de abajo.

(1) 1 + 2 =

(2) 2 + 2 =

(3) 3 + 2 =

(4) 6 + 2 =

(5) 7 + 2 =

(6) 8 + 2 =

(7) 9 + 2 =

(8) 11 + 2 =

(9) 12 + 2 =

(10) 13 + 2 =

(11) 16 + 2 =

(12) 17 + 2 =

(13) 19 + 2 =

(14) 21 + 2 =

(15) 22 + 2 =

(16) 23 + 2 =

(17) 25 + 2 =

(18) 26 + 2 =

(19) 27 + 2 =

(20) 28 + 2 =

Repaso
Sumando 1 y 2

Nombre

Fecha

A los padres

A partir de esta página, su hijo(a) repasará las sumas que incluyen los números 1 y 2. Si tiene dificultades resolviendo sumas que incluyen sumar 2, por favor anímelo(a) a practicar la suma del 1 de nuevo.

■ Resuelve las sumas de abajo.

(1) $3 + 1 =$

(2) $5 + 1 =$

(3) $9 + 1 =$

(4) $10 + 1 =$

(5) $13 + 1 =$

(6) $4 + 2 =$

(7) $5 + 2 =$

(8) $8 + 2 =$

(9) $10 + 2 =$

(10) $14 + 2 =$

(11) $14 + 1 =$

(12) $19 + 1 =$

(13) $20 + 1 =$

(14) $23 + 1 =$

(15) $28 + 1 =$

(16) $15 + 2 =$

(17) $18 + 2 =$

(18) $20 + 2 =$

(19) $24 + 2 =$

(20) $28 + 2 =$

■ Resuelve las sumas de abajo.

(1) $6 + 1 =$

(2) $1 + 2 =$

(3) $3 + 1 =$

(4) $11 + 2 =$

(5) $7 + 1 =$

(6) $6 + 2 =$

(7) $15 + 1 =$

(8) $12 + 2 =$

(9) $12 + 1 =$

(10) $18 + 2 =$

(11) $16 + 1 =$

(12) $17 + 2 =$

(13) $24 + 1 =$

(14) $19 + 2 =$

(15) $21 + 1 =$

(16) $25 + 2 =$

(17) $25 + 1 =$

(18) $26 + 2 =$

(19) $29 + 1 =$

(20) $23 + 2 =$

Repaso

Sumando 1 y 2

Nombre

Fecha

■ Resuelve las sumas de abajo.

(1) $9 + 1 =$

(2) $9 + 2 =$

(3) $10 + 2 =$

(4) $11 + 1 =$

(5) $14 + 1 =$

(6) $2 + 2 =$

(7) $8 + 1 =$

(8) $18 + 2 =$

(9) $24 + 2 =$

(10) $23 + 1 =$

(11) $4 + 1 =$

(12) $20 + 2 =$

(13) $27 + 1 =$

(14) $28 + 2 =$

(15) $13 + 2 =$

(16) $18 + 1 =$

(17) $20 + 1 =$

(18) $15 + 2 =$

(19) $26 + 1 =$

(20) $22 + 2 =$

■ Resuelve las sumas de abajo.

(1) $17 + 1 =$

(2) $21 + 2 =$

(3) $14 + 2 =$

(4) $10 + 1 =$

(5) $4 + 2 =$

(6) $28 + 1 =$

(7) $19 + 2 =$

(8) $1 + 1 =$

(9) $8 + 2 =$

(10) $22 + 1 =$

(11) $5 + 1 =$

(12) $13 + 1 =$

(13) $9 + 2 =$

(14) $3 + 2 =$

(15) $16 + 2 =$

(16) $2 + 1 =$

(17) $7 + 2 =$

(18) $19 + 1 =$

(19) $27 + 2 =$

(20) $29 + 1 =$

7 **Sumando** 3

1+3 al 7+3

Nombre

Fecha

A los padres

A partir de esta página, su hijo(a) aprenderá a sumar 3. Si tiene dificultades al sumar 3, por favor anímelo(a) a regresar a practicar la suma del 2 antes de continuar.

■ Resuelve las sumas de abajo.

(1) 1 + 3 =

(2) 2 + 3 =

(3) 3 + 3 =

(4) 4 + 3 =

(5) 5 + 3 =

(6) 6 + 3 =

(7) 7 + 3 =

(8) 1 + 3 =

(9) 2 + 3 =

(10) 4 + 3 =

(11) 3 + 3 =

(12) 5 + 3 =

(13) 7 + 3 =

(14) 6 + 3 =

(15) 2 + 3 =

(16) 3 + 3 =

(17) 5 + 3 =

(18) 4 + 3 =

(19) 6 + 3 =

(20) 7 + 3 =

| 1 | 2 | 3 | 4 | 5 | 6 | 7 | 8 | 9 | 10 |

■ Resuelve las sumas de abajo.

(1) $4 + 3 =$

(2) $6 + 3 =$

(3) $7 + 3 =$

(4) $2 + 3 =$

(5) $5 + 3 =$

(6) $3 + 3 =$

(7) $1 + 3 =$

(8) $4 + 3 =$

(9) $7 + 3 =$

(10) $3 + 3 =$

(11) $5 + 3 =$

(12) $6 + 3 =$

(13) $1 + 3 =$

(14) $2 + 3 =$

(15) $4 + 3 =$

(16) $6 + 3 =$

(17) $1 + 3 =$

(18) $7 + 3 =$

(19) $3 + 3 =$

(20) $5 + 3 =$

| 1 | 2 | 3 | 4 | 5 | 6 | 7 | 8 | 9 | 10 |

8 Sumando 3

8+3 al 17+3

Nombre

Fecha

■ Resuelve las sumas de abajo.

(1) $8 + 3 =$

(2) $9 + 3 =$

(3) $10 + 3 =$

(4) $11 + 3 =$

(5) $12 + 3 =$

(6) $13 + 3 =$

(7) $14 + 3 =$

(8) $15 + 3 =$

(9) $16 + 3 =$

(10) $17 + 3 =$

(11) $9 + 3 =$

(12) $10 + 3 =$

(13) $8 + 3 =$

(14) $14 + 3 =$

(15) $11 + 3 =$

(16) $12 + 3 =$

(17) $13 + 3 =$

(18) $17 + 3 =$

(19) $15 + 3 =$

(20) $16 + 3 =$

| 11 | 12 | 13 | 14 | 15 | 16 | 17 | 18 | 19 | 20 |

■Resuelve las sumas de abajo.

(1) $15 + 3 =$

(2) $17 + 3 =$

(3) $9 + 3 =$

(4) $12 + 3 =$

(5) $8 + 3 =$

(6) $14 + 3 =$

(7) $11 + 3 =$

(8) $13 + 3 =$

(9) $16 + 3 =$

(10) $10 + 3 =$

(11) $9 + 3 =$

(12) $15 + 3 =$

(13) $17 + 3 =$

(14) $8 + 3 =$

(15) $11 + 3 =$

(16) $10 + 3 =$

(17) $13 + 3 =$

(18) $16 + 3 =$

(19) $14 + 3 =$

(20) $12 + 3 =$

| 11 | 12 | 13 | 14 | 15 | 16 | 17 | 18 | 19 | 20 |

Sumando 3

8+3 al 17+3

Nombre

Fecha

■ Resuelve las sumas de abajo.

(1)   12 + 3 =

(2)   15 + 3 =

(3)   10 + 3 =

(4)   16 + 3 =

(5)   8 + 3 =

(6)   13 + 3 =

(7)   11 + 3 =

(8)   17 + 3 =

(9)   14 + 3 =

(10)   9 + 3 =

(11)   12 + 3 =

(12)   8 + 3 =

(13)   14 + 3 =

(14)   17 + 3 =

(15)   11 + 3 =

(16)   15 + 3 =

(17)   9 + 3 =

(18)   16 + 3 =

(19)   13 + 3 =

(20)   10 + 3 =

11 12 13 14 15 16 17 18 19 20

■ Resuelve las sumas de abajo.

(1) $6 + 3 =$

(2) $14 + 3 =$

(3) $17 + 3 =$

(4) $9 + 3 =$

(5) $1 + 3 =$

(6) $11 + 3 =$

(7) $13 + 3 =$

(8) $2 + 3 =$

(9) $7 + 3 =$

(10) $17 + 3 =$

(11) $8 + 3 =$

(12) $3 + 3 =$

(13) $15 + 3 =$

(14) $5 + 3 =$

(15) $10 + 3 =$

(16) $1 + 3 =$

(17) $16 + 3 =$

(18) $4 + 3 =$

(19) $12 + 3 =$

(20) $2 + 3 =$

| 1 | 2 | 3 | 4 | 5 | 6 | 7 | 8 | 9 | 10 | 11 | 12 | 13 | 14 | 15 | 16 | 17 | 18 | 19 | 20 |

10 Sumando 4
1+4 al 6+4

Nombre

Fecha

A los padres
A partir de esta página, su hijo(a) aprenderá a sumar 4. Si tiene dificultades al sumar 4, por favor anímelo(a) a regresar a practicar la suma del 3 antes de continuar.

■ Resuelve las sumas de abajo.

(1) 1 + 4 =

(2) 2 + 4 =

(3) 3 + 4 =

(4) 4 + 4 =

(5) 5 + 4 =

(6) 6 + 4 =

(7) 1 + 4 =

(8) 2 + 4 =

(9) 4 + 4 =

(10) 3 + 4 =

(11) 5 + 4 =

(12) 6 + 4 =

(13) 1 + 4 =

(14) 3 + 4 =

(15) 2 + 4 =

(16) 6 + 4 =

(17) 4 + 4 =

(18) 5 + 4 =

(19) 3 + 4 =

(20) 6 + 4 =

| 1 | 2 | 3 | 4 | 5 | 6 | 7 | 8 | 9 | 10 |

■ Resuelve las sumas de abajo.

(1) 1 + 4 =

(2) 6 + 4 =

(3) 3 + 4 =

(4) 2 + 4 =

(5) 5 + 4 =

(6) 4 + 4 =

(7) 1 + 4 =

(8) 2 + 4 =

(9) 5 + 4 =

(10) 6 + 4 =

(11) 4 + 4 =

(12) 3 + 4 =

(13) 2 + 4 =

(14) 4 + 4 =

(15) 6 + 4 =

(16) 5 + 4 =

(17) 1 + 4 =

(18) 3 + 4 =

(19) 5 + 4 =

(20) 4 + 4 =

| 1 | 2 | 3 | 4 | 5 | 6 | 7 | 8 | 9 | 10 |

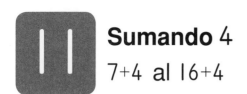

Sumando 4

7+4 al 16+4

■ Resuelve las sumas de abajo.

(1)   7 + 4 =

(2)   8 + 4 =

(3)   9 + 4 =

(4)   10 + 4 =

(5)   11 + 4 =

(6)   12 + 4 =

(7)   13 + 4 =

(8)   14 + 4 =

(9)   15 + 4 =

(10)   16 + 4 =

(11)   9 + 4 =

(12)   7 + 4 =

(13)   8 + 4 =

(14)   11 + 4 =

(15)   10 + 4 =

(16)   12 + 4 =

(17)   14 + 4 =

(18)   15 + 4 =

(19)   13 + 4 =

(20)   16 + 4 =

11 12 13 14 15 16 17 18 19 20

■ Resuelve las sumas de abajo.

(1) $11 + 4 =$

(2) $15 + 4 =$

(3) $16 + 4 =$

(4) $7 + 4 =$

(5) $10 + 4 =$

(6) $8 + 4 =$

(7) $9 + 4 =$

(8) $12 + 4 =$

(9) $14 + 4 =$

(10) $13 + 4 =$

(11) $12 + 4 =$

(12) $9 + 4 =$

(13) $8 + 4 =$

(14) $11 + 4 =$

(15) $16 + 4 =$

(16) $10 + 4 =$

(17) $15 + 4 =$

(18) $13 + 4 =$

(19) $7 + 4 =$

(20) $14 + 4 =$

| 11 | 12 | 13 | 14 | 15 | 16 | 17 | 18 | 19 | 20 |

12 Sumando 4

7+4 al 16+4

Nombre

Fecha

■ Resuelve las sumas de abajo.

(1) $10 + 4 =$

(2) $8 + 4 =$

(3) $12 + 4 =$

(4) $16 + 4 =$

(5) $9 + 4 =$

(6) $14 + 4 =$

(7) $7 + 4 =$

(8) $15 + 4 =$

(9) $11 + 4 =$

(10) $13 + 4 =$

(11) $16 + 4 =$

(12) $7 + 4 =$

(13) $15 + 4 =$

(14) $11 + 4 =$

(15) $9 + 4 =$

(16) $12 + 4 =$

(17) $13 + 4 =$

(18) $10 + 4 =$

(19) $14 + 4 =$

(20) $8 + 4 =$

11	12	13	14	15	16	17	18	19	20

■ Resuelve las sumas de abajo.

(1) $5 + 4 =$ (11) $8 + 4 =$

(2) $11 + 4 =$ (12) $10 + 4 =$

(3) $7 + 4 =$ (13) $13 + 4 =$

(4) $14 + 4 =$ (14) $4 + 4 =$

(5) $8 + 4 =$ (15) $6 + 4 =$

(6) $1 + 4 =$ (16) $7 + 4 =$

(7) $16 + 4 =$ (17) $2 + 4 =$

(8) $3 + 4 =$ (18) $9 + 4 =$

(9) $9 + 4 =$ (19) $12 + 4 =$

(10) $15 + 4 =$ (20) $16 + 4 =$

| 1 | 2 | 3 | 4 | 5 | 6 | 7 | 8 | 9 | 10 | 11 | 12 | 13 | 14 | 15 | 16 | 17 | 18 | 19 | 20 |

Repaso

Sumando 3 y 4

A los padres A partir de esta página, su hijo(a) repasará las sumas que incluyen los números 3 y 4. Si tiene dificultades resolviendo sumas que incluyen sumar 3, por favor anímelo(a) a practicar la suma del 2 de nuevo. De igual forma, si tiene dificultades resolviendo sumas que incluyen sumar 4, por favor anímelo(a) a practicar la suma del 3 de nuevo.

■ Resuelve las sumas de abajo.

(1) $2 + 3 =$

(2) $3 + 3 =$

(3) $1 + 3 =$

(4) $4 + 3 =$

(5) $2 + 4 =$

(6) $1 + 4 =$

(7) $3 + 4 =$

(8) $5 + 3 =$

(9) $6 + 3 =$

(10) $7 + 3 =$

(11) $5 + 4 =$

(12) $4 + 4 =$

(13) $6 + 4 =$

(14) $6 + 3 =$

(15) $5 + 3 =$

(16) $7 + 3 =$

(17) $2 + 4 =$

(18) $1 + 4 =$

(19) $5 + 4 =$

(20) $6 + 4 =$

■ Resuelve las sumas de abajo.

(1) $8 + 3 =$

(2) $7 + 4 =$

(3) $9 + 3 =$

(4) $8 + 4 =$

(5) $10 + 3 =$

(6) $9 + 4 =$

(7) $11 + 3 =$

(8) $10 + 4 =$

(9) $12 + 3 =$

(10) $11 + 4 =$

(11) $13 + 3 =$

(12) $12 + 4 =$

(13) $14 + 3 =$

(14) $13 + 4 =$

(15) $15 + 3 =$

(16) $14 + 4 =$

(17) $16 + 3 =$

(18) $15 + 4 =$

(19) $17 + 3 =$

(20) $16 + 4 =$

Repaso

Sumando 3 y 4

Nombre

Fecha

■ Resuelve las sumas de abajo.

(1) $8 + 3 =$

(2) $10 + 3 =$

(3) $10 + 4 =$

(4) $13 + 4 =$

(5) $1 + 4 =$

(6) $1 + 3 =$

(7) $7 + 4 =$

(8) $9 + 3 =$

(9) $16 + 3 =$

(10) $12 + 4 =$

(11) $4 + 4 =$

(12) $5 + 3 =$

(13) $14 + 3 =$

(14) $17 + 3 =$

(15) $11 + 4 =$

(16) $14 + 4 =$

(17) $15 + 3 =$

(18) $15 + 4 =$

(19) $6 + 3 =$

(20) $16 + 4 =$

■ Resuelve las sumas de abajo.

(1) $3 + 3 =$

(2) $3 + 4 =$

(3) $11 + 4 =$

(4) $12 + 3 =$

(5) $4 + 3 =$

(6) $10 + 4 =$

(7) $13 + 3 =$

(8) $12 + 4 =$

(9) $2 + 4 =$

(10) $2 + 3 =$

(11) $17 + 3 =$

(12) $8 + 4 =$

(13) $7 + 3 =$

(14) $13 + 4 =$

(15) $14 + 4 =$

(16) $8 + 3 =$

(17) $9 + 3 =$

(18) $9 + 4 =$

(19) $11 + 3 =$

(20) $15 + 4 =$

Repaso

Sumando del 1 al 4

Nombre

Fecha

A los padres

A partir de esta página, su hijo(a) repasará las sumas que incluyen los números hasta el 4. Si tiene dificultades, por favor anímelo(a) a regresar a las etapas anteriores.

■ Resuelve las sumas de abajo.

(1) $2 + 1 =$

(2) $2 + 2 =$

(3) $1 + 3 =$

(4) $1 + 4 =$

(5) $7 + 1 =$

(6) $3 + 2 =$

(7) $2 + 3 =$

(8) $4 + 4 =$

(9) $14 + 1 =$

(10) $4 + 2 =$

(11) $8 + 3 =$

(12) $7 + 4 =$

(13) $22 + 1 =$

(14) $5 + 2 =$

(15) $12 + 3 =$

(16) $10 + 4 =$

(17) $26 + 1 =$

(18) $6 + 2 =$

(19) $16 + 3 =$

(20) $12 + 4 =$

■ Resuelve las sumas de abajo.

(1) $5 + 1 =$

(2) $3 + 2 =$

(3) $3 + 3 =$

(4) $2 + 4 =$

(5) $7 + 2 =$

(6) $6 + 1 =$

(7) $5 + 4 =$

(8) $6 + 3 =$

(9) $9 + 3 =$

(10) $13 + 1 =$

(11) $13 + 2 =$

(12) $8 + 4 =$

(13) $13 + 4 =$

(14) $22 + 2 =$

(15) $20 + 1 =$

(16) $13 + 3 =$

(17) $27 + 2 =$

(18) $15 + 4 =$

(19) $28 + 1 =$

(20) $14 + 3 =$

Repaso

Sumando del 1 al 4

Nombre

Fecha

■ Resuelve las sumas de abajo.

(1) $2 + 2 =$

(2) $9 + 3 =$

(3) $9 + 4 =$

(4) $3 + 1 =$

(5) $3 + 4 =$

(6) $12 + 2 =$

(7) $8 + 3 =$

(8) $21 + 1 =$

(9) $7 + 4 =$

(10) $6 + 2 =$

(11) $7 + 3 =$

(12) $24 + 1 =$

(13) $10 + 3 =$

(14) $8 + 1 =$

(15) $14 + 4 =$

(16) $25 + 2 =$

(17) $15 + 1 =$

(18) $15 + 3 =$

(19) $19 + 2 =$

(20) $16 + 4 =$

■ Resuelve las sumas de abajo.

(1) $12 + 1 =$

(2) $16 + 4 =$

(3) $11 + 3 =$

(4) $11 + 2 =$

(5) $6 + 4 =$

(6) $18 + 1 =$

(7) $23 + 2 =$

(8) $4 + 3 =$

(9) $10 + 4 =$

(10) $4 + 1 =$

(11) $5 + 2 =$

(12) $17 + 3 =$

(13) $17 + 1 =$

(14) $28 + 2 =$

(15) $12 + 4 =$

(16) $25 + 1 =$

(17) $5 + 3 =$

(18) $9 + 4 =$

(19) $17 + 2 =$

(20) $7 + 3 =$

Sumando 5

1+5 al 5+5

Nombre

Fecha

A los padres

A partir de esta página, su hijo(a) aprenderá a sumar 5. Si tiene dificultades al sumar 5, por favor anímelo(a) a regresar a practicar la suma del 4 antes de continuar.

■ Resuelve las sumas de abajo.

(1) $1 + 5 =$

(2) $2 + 5 =$

(3) $3 + 5 =$

(4) $4 + 5 =$

(5) $5 + 5 =$

(6) $2 + 5 =$

(7) $3 + 5 =$

(8) $1 + 5 =$

(9) $4 + 5 =$

(10) $5 + 5 =$

(11) $3 + 5 =$

(12) $2 + 5 =$

(13) $1 + 5 =$

(14) $5 + 5 =$

(15) $4 + 5 =$

(16) $1 + 5 =$

(17) $4 + 5 =$

(18) $2 + 5 =$

(19) $5 + 5 =$

(20) $3 + 5 =$

| 1 | 2 | 3 | 4 | 5 | 6 | 7 | 8 | 9 | 10 |

■ Resuelve las sumas de abajo.

(1) $6 + 5 =$

(11) $7 + 5 =$

(2) $7 + 5 =$

(12) $6 + 5 =$

(3) $8 + 5 =$

(13) $9 + 5 =$

(4) $9 + 5 =$

(14) $8 + 5 =$

(5) $10 + 5 =$

(15) $10 + 5 =$

(6) $6 + 5 =$

(16) $8 + 5 =$

(7) $8 + 5 =$

(17) $7 + 5 =$

(8) $7 + 5 =$

(18) $6 + 5 =$

(9) $9 + 5 =$

(19) $10 + 5 =$

(10) $10 + 5 =$

(20) $9 + 5 =$

| 11 | 12 | 13 | 14 | 15 |

Sumando 5

11+5 al 15+5

Nombre

Fecha

■ Resuelve las sumas de abajo.

(1) 11 + 5 =

(2) 12 + 5 =

(3) 13 + 5 =

(4) 14 + 5 =

(5) 15 + 5 =

(6) 12 + 5 =

(7) 11 + 5 =

(8) 13 + 5 =

(9) 14 + 5 =

(10) 15 + 5 =

(11) 12 + 5 =

(12) 11 + 5 =

(13) 13 + 5 =

(14) 15 + 5 =

(15) 14 + 5 =

(16) 13 + 5 =

(17) 11 + 5 =

(18) 12 + 5 =

(19) 15 + 5 =

(20) 14 + 5 =

11 12 13 14 15 16 17 18 19 20

■ Resuelve las sumas de abajo.

(1) $2 + 5 =$

(2) $1 + 5 =$

(3) $5 + 5 =$

(4) $4 + 5 =$

(5) $6 + 5 =$

(6) $3 + 5 =$

(7) $7 + 5 =$

(8) $9 + 5 =$

(9) $10 + 5 =$

(10) $8 + 5 =$

(11) $11 + 5 =$

(12) $14 + 5 =$

(13) $15 + 5 =$

(14) $12 + 5 =$

(15) $13 + 5 =$

(16) $1 + 5 =$

(17) $5 + 5 =$

(18) $11 + 5 =$

(19) $10 + 5 =$

(20) $13 + 5 =$

| 1 | 2 | 3 | 4 | 5 | 6 | 7 | 8 | 9 | 10 | 11 | 12 | 13 | 14 | 15 | 16 | 17 | 18 | 19 | 20 |

Sumando 5

1+5 al 15+5

Nombre

Fecha

■ Resuelve las sumas de abajo.

(1) $3 + 5 =$

(2) $6 + 5 =$

(3) $12 + 5 =$

(4) $1 + 5 =$

(5) $8 + 5 =$

(6) $2 + 5 =$

(7) $10 + 5 =$

(8) $4 + 5 =$

(9) $11 + 5 =$

(10) $5 + 5 =$

(11) $14 + 5 =$

(12) $7 + 5 =$

(13) $13 + 5 =$

(14) $9 + 5 =$

(15) $15 + 5 =$

(16) $2 + 5 =$

(17) $6 + 5 =$

(18) $14 + 5 =$

(19) $3 + 5 =$

(20) $8 + 5 =$

| 1 | 2 | 3 | 4 | 5 | 6 | 7 | 8 | 9 | 10 | 11 | 12 | 13 | 14 | 15 | 16 | 17 | 18 | 19 | 20 |

■ Resuelve las sumas de abajo.

(1) $7 + 5 =$

(2) $12 + 5 =$

(3) $14 + 5 =$

(4) $6 + 5 =$

(5) $9 + 5 =$

(6) $3 + 5 =$

(7) $15 + 5 =$

(8) $4 + 5 =$

(9) $10 + 5 =$

(10) $1 + 5 =$

(11) $8 + 5 =$

(12) $5 + 5 =$

(13) $11 + 5 =$

(14) $13 + 5 =$

(15) $2 + 5 =$

(16) $15 + 5 =$

(17) $7 + 5 =$

(18) $9 + 5 =$

(19) $4 + 5 =$

(20) $12 + 5 =$

| 1 | 2 | 3 | 4 | 5 | 6 | 7 | 8 | 9 | 10 | 11 | 12 | 13 | 14 | 15 | 16 | 17 | 18 | 19 | 20 |

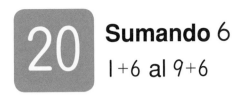

Sumando 6

1+6 al 9+6

Nombre

Fecha

A los padres
A partir de esta página, su hijo(a) aprenderá a sumar 6. Si tiene dificultades al sumar 6, por favor anímelo(a) a regresar a practicar la suma del 5 antes de continuar.

■ Resuelve las sumas de abajo.

(1) $1 + 6 =$

(2) $2 + 6 =$

(3) $3 + 6 =$

(4) $4 + 6 =$

(5) $5 + 6 =$

(6) $6 + 6 =$

(7) $7 + 6 =$

(8) $8 + 6 =$

(9) $9 + 6 =$

(10) $2 + 6 =$

(11) $3 + 6 =$

(12) $4 + 6 =$

(13) $1 + 6 =$

(14) $6 + 6 =$

(15) $7 + 6 =$

(16) $5 + 6 =$

(17) $9 + 6 =$

(18) $8 + 6 =$

(19) $3 + 6 =$

(20) $4 + 6 =$

| 1 | 2 | 3 | 4 | 5 | 6 | 7 | 8 | 9 | 10 | 11 | 12 | 13 | 14 | 15 |

5+6 al 14+6

■ Resuelve las sumas de abajo.

(1)　5 + 6 =

(2)　6 + 6 =

(3)　7 + 6 =

(4)　8 + 6 =

(5)　9 + 6 =

(6)　10 + 6 =

(7)　11 + 6 =

(8)　12 + 6 =

(9)　13 + 6 =

(10)　14 + 6 =

(11)　11 + 6 =

(12)　10 + 6 =

(13)　13 + 6 =

(14)　12 + 6 =

(15)　14 + 6 =

(16)　10 + 6 =

(17)　13 + 6 =

(18)　11 + 6 =

(19)　14 + 6 =

(20)　12 + 6 =

11 12 13 14 15 16 17 18 19 20

Sumando 6

1+6 al 14+6

■ Resuelve las sumas de abajo.

(1) 3 + 6 =

(2) 2 + 6 =

(3) 1 + 6 =

(4) 4 + 6 =

(5) 6 + 6 =

(6) 5 + 6 =

(7) 8 + 6 =

(8) 7 + 6 =

(9) 9 + 6 =

(10) 11 + 6 =

(11) 10 + 6 =

(12) 13 + 6 =

(13) 12 + 6 =

(14) 14 + 6 =

(15) 1 + 6 =

(16) 4 + 6 =

(17) 2 + 6 =

(18) 3 + 6 =

(19) 6 + 6 =

(20) 5 + 6 =

| 1 | 2 | 3 | 4 | 5 | 6 | 7 | 8 | 9 | 10 | 11 | 12 | 13 | 14 | 15 | 16 | 17 | 18 | 19 | 20 |

■ Resuelve las sumas de abajo.

(1) $7 + 6 =$

(2) $9 + 6 =$

(3) $6 + 6 =$

(4) $3 + 6 =$

(5) $8 + 6 =$

(6) $11 + 6 =$

(7) $1 + 6 =$

(8) $2 + 6 =$

(9) $5 + 6 =$

(10) $14 + 6 =$

(11) $12 + 6 =$

(12) $13 + 6 =$

(13) $4 + 6 =$

(14) $10 + 6 =$

(15) $7 + 6 =$

(16) $12 + 6 =$

(17) $9 + 6 =$

(18) $10 + 6 =$

(19) $11 + 6 =$

(20) $8 + 6 =$

| 1 | 2 | 3 | 4 | 5 | 6 | 7 | 8 | 9 | 10 | 11 | 12 | 13 | 14 | 15 | 16 | 17 | 18 | 19 | 20 |

22

Sumando 6

1+6 al 14+6

■ Resuelve las sumas de abajo.

(1) $5 + 6 =$

(2) $9 + 6 =$

(3) $13 + 6 =$

(4) $2 + 6 =$

(5) $8 + 6 =$

(6) $14 + 6 =$

(7) $6 + 6 =$

(8) $12 + 6 =$

(9) $3 + 6 =$

(10) $11 + 6 =$

(11) $7 + 6 =$

(12) $10 + 6 =$

(13) $1 + 6 =$

(14) $4 + 6 =$

(15) $14 + 6 =$

(16) $5 + 6 =$

(17) $13 + 6 =$

(18) $4 + 6 =$

(19) $10 + 6 =$

(20) $6 + 6 =$

| 1 | 2 | 3 | 4 | 5 | 6 | 7 | 8 | 9 | 10 | 11 | 12 | 13 | 14 | 15 | 16 | 17 | 18 | 19 | 20 |

■ Resuelve las sumas de abajo.

(1) $9 + 6 =$

(2) $13 + 6 =$

(3) $7 + 6 =$

(4) $11 + 6 =$

(5) $14 + 6 =$

(6) $5 + 6 =$

(7) $3 + 6 =$

(8) $8 + 6 =$

(9) $6 + 6 =$

(10) $2 + 6 =$

(11) $12 + 6 =$

(12) $4 + 6 =$

(13) $10 + 6 =$

(14) $1 + 6 =$

(15) $7 + 6 =$

(16) $2 + 6 =$

(17) $14 + 6 =$

(18) $8 + 6 =$

(19) $1 + 6 =$

(20) $9 + 6 =$

| 1 | 2 | 3 | 4 | 5 | 6 | 7 | 8 | 9 | 10 | 11 | 12 | 13 | 14 | 15 | 16 | 17 | 18 | 19 | 20 |

23

Repaso

Sumando 5 y 6

Nombre

Fecha

A los padres A partir de esta página, su hijo(a) repasará las sumas que incluyen los números 5 y 6. Si tiene dificultades resolviendo sumas que incluyen sumar 5, por favor anímelo(a) a practicar la suma del 4 de nuevo. De igual forma, si tiene dificultades resolviendo sumas que incluyen sumar 6, por favor anímelo(a) a practicar la suma del 5 de nuevo.

■ Resuelve las sumas de abajo.

(1) $1 + 5 =$

(2) $3 + 5 =$

(3) $4 + 5 =$

(4) $5 + 5 =$

(5) $6 + 5 =$

(6) $1 + 6 =$

(7) $2 + 6 =$

(8) $3 + 6 =$

(9) $4 + 6 =$

(10) $6 + 6 =$

(11) $7 + 5 =$

(12) $11 + 5 =$

(13) $10 + 5 =$

(14) $12 + 5 =$

(15) $15 + 5 =$

(16) $7 + 6 =$

(17) $9 + 6 =$

(18) $10 + 6 =$

(19) $12 + 6 =$

(20) $13 + 6 =$

■ Resuelve las sumas de abajo.

(1) $2 + 5 =$ (11) $15 + 5 =$

(2) $3 + 6 =$ (12) $9 + 6 =$

(3) $3 + 5 =$ (13) $11 + 5 =$

(4) $5 + 6 =$ (14) $11 + 6 =$

(5) $7 + 5 =$ (15) $12 + 5 =$

(6) $6 + 6 =$ (16) $12 + 6 =$

(7) $8 + 5 =$ (17) $14 + 5 =$

(8) $8 + 6 =$ (18) $13 + 6 =$

(9) $9 + 5 =$ (19) $13 + 5 =$

(10) $7 + 6 =$ (20) $14 + 6 =$

Repaso

Sumando 5 y 6

Nombre

Fecha

■ Resuelve las sumas de abajo.

(1) $1 + 5 =$

(2) $4 + 6 =$

(3) $1 + 6 =$

(4) $5 + 6 =$

(5) $2 + 5 =$

(6) $5 + 5 =$

(7) $8 + 5 =$

(8) $4 + 5 =$

(9) $8 + 6 =$

(10) $6 + 5 =$

(11) $3 + 6 =$

(12) $7 + 6 =$

(13) $10 + 5 =$

(14) $10 + 6 =$

(15) $12 + 6 =$

(16) $9 + 5 =$

(17) $14 + 5 =$

(18) $14 + 6 =$

(19) $11 + 6 =$

(20) $13 + 5 =$

■ Resuelve las sumas de abajo.

(1) $7 + 5 =$

(2) $6 + 6 =$

(3) $2 + 6 =$

(4) $2 + 5 =$

(5) $5 + 6 =$

(6) $11 + 6 =$

(7) $3 + 5 =$

(8) $1 + 6 =$

(9) $9 + 6 =$

(10) $11 + 5 =$

(11) $1 + 5 =$

(12) $15 + 5 =$

(13) $4 + 6 =$

(14) $8 + 6 =$

(15) $4 + 5 =$

(16) $14 + 6 =$

(17) $13 + 6 =$

(18) $14 + 5 =$

(19) $9 + 5 =$

(20) $13 + 5 =$

Sumando 7

1+7 al 8+7

Nombre

Fecha

A los padres
A partir de esta página, su hijo(a) aprenderá a sumar 7. Si tiene dificultades al sumar 7, por favor anímelo(a) a regresar a practicar la suma del 6 antes de continuar.

■ Resuelve las sumas de abajo.

(1) 1 + 7 =

(2) 2 + 7 =

(3) 3 + 7 =

(4) 4 + 7 =

(5) 5 + 7 =

(6) 6 + 7 =

(7) 7 + 7 =

(8) 8 + 7 =

(9) 1 + 7 =

(10) 2 + 7 =

(11) 5 + 7 =

(12) 3 + 7 =

(13) 4 + 7 =

(14) 6 + 7 =

(15) 8 + 7 =

(16) 7 + 7 =

(17) 2 + 7 =

(18) 3 + 7 =

(19) 1 + 7 =

(20) 4 + 7 =

| 1 | 2 | 3 | 4 | 5 | 6 | 7 | 8 | 9 | 10 | 11 | 12 | 13 | 14 | 15 |

4+7 al 13+7

■ Resuelve las sumas de abajo.

(1) $4 + 7 =$

(2) $5 + 7 =$

(3) $6 + 7 =$

(4) $7 + 7 =$

(5) $8 + 7 =$

(6) $9 + 7 =$

(7) $10 + 7 =$

(8) $11 + 7 =$

(9) $12 + 7 =$

(10) $13 + 7 =$

(11) $9 + 7 =$

(12) $11 + 7 =$

(13) $10 + 7 =$

(14) $12 + 7 =$

(15) $13 + 7 =$

(16) $10 + 7 =$

(17) $11 + 7 =$

(18) $9 + 7 =$

(19) $13 + 7 =$

(20) $12 + 7 =$

| 11 | 12 | 13 | 14 | 15 | 16 | 17 | 18 | 19 | 20 |

Nombre

Fecha

■ Resuelve las sumas de abajo.

(1) $1 + 7 =$

(2) $2 + 7 =$

(3) $3 + 7 =$

(4) $4 + 7 =$

(5) $5 + 7 =$

(6) $6 + 7 =$

(7) $7 + 7 =$

(8) $8 + 7 =$

(9) $9 + 7 =$

(10) $10 + 7 =$

(11) $11 + 7 =$

(12) $12 + 7 =$

(13) $13 + 7 =$

(14) $1 + 7 =$

(15) $3 + 7 =$

(16) $2 + 7 =$

(17) $5 + 7 =$

(18) $4 + 7 =$

(19) $6 + 7 =$

(20) $7 + 7 =$

| 1 | 2 | 3 | 4 | 5 | 6 | 7 | 8 | 9 | 10 | 11 | 12 | 13 | 14 | 15 | 16 | 17 | 18 | 19 | 20 |

■ Resuelve las sumas de abajo.

(1) $1 + 7 =$

(2) $3 + 7 =$

(3) $2 + 7 =$

(4) $5 + 7 =$

(5) $4 + 7 =$

(6) $6 + 7 =$

(7) $8 + 7 =$

(8) $7 + 7 =$

(9) $10 + 7 =$

(10) $9 + 7 =$

(11) $11 + 7 =$

(12) $13 + 7 =$

(13) $12 + 7 =$

(14) $7 + 7 =$

(15) $9 + 7 =$

(16) $8 + 7 =$

(17) $11 + 7 =$

(18) $10 + 7 =$

(19) $12 + 7 =$

(20) $13 + 7 =$

| 1 | 2 | 3 | 4 | 5 | 6 | 7 | 8 | 9 | 10 | 11 | 12 | 13 | 14 | 15 | 16 | 17 | 18 | 19 | 20 |

Nombre

Fecha

■ Resuelve las sumas de abajo.

(1) $3 + 7 =$

(2) $11 + 7 =$

(3) $6 + 7 =$

(4) $1 + 7 =$

(5) $12 + 7 =$

(6) $5 + 7 =$

(7) $10 + 7 =$

(8) $2 + 7 =$

(9) $7 + 7 =$

(10) $13 + 7 =$

(11) $4 + 7 =$

(12) $8 + 7 =$

(13) $9 + 7 =$

(14) $3 + 7 =$

(15) $12 + 7 =$

(16) $6 + 7 =$

(17) $5 + 7 =$

(18) $11 + 7 =$

(19) $7 + 7 =$

(20) $10 + 7 =$

| 1 | 2 | 3 | 4 | 5 | 6 | 7 | 8 | 9 | 10 | 11 | 12 | 13 | 14 | 15 | 16 | 17 | 18 | 19 | 20 |

■ Resuelve las sumas de abajo.

(1)　　6 + 7 =

(2)　12 + 7 =

(3)　　2 + 7 =

(4)　　8 + 7 =

(5)　　4 + 7 =

(6)　13 + 7 =

(7)　　7 + 7 =

(8)　　9 + 7 =

(9)　　1 + 7 =

(10)　5 + 7 =

(11)　11 + 7 =

(12)　3 + 7 =

(13)　10 + 7 =

(14)　2 + 7 =

(15)　9 + 7 =

(16)　4 + 7 =

(17)　13 + 7 =

(18)　6 + 7 =

(19)　8 + 7 =

(20)　1 + 7 =

| 1 | 2 | 3 | 4 | 5 | 6 | 7 | 8 | 9 | 10 | 11 | 12 | 13 | 14 | 15 | 16 | 17 | 18 | 19 | 20 |

Sumando 8

1+8 al 7+8

Nombre

Fecha

A los padres

A partir de esta página, su hijo(a) aprenderá a sumar 8. Si tiene dificultades al sumar 8, por favor anímelo(a) a regresar a practicar la suma del 7 antes de continuar.

■ Resuelve las sumas de abajo.

(1) $1 + 8 =$

(2) $2 + 8 =$

(3) $3 + 8 =$

(4) $4 + 8 =$

(5) $5 + 8 =$

(6) $6 + 8 =$

(7) $7 + 8 =$

(8) $1 + 8 =$

(9) $3 + 8 =$

(10) $2 + 8 =$

(11) $4 + 8 =$

(12) $5 + 8 =$

(13) $7 + 8 =$

(14) $6 + 8 =$

(15) $2 + 8 =$

(16) $1 + 8 =$

(17) $3 + 8 =$

(18) $5 + 8 =$

(19) $4 + 8 =$

(20) $6 + 8 =$

| 1 | 2 | 3 | 4 | 5 | 6 | 7 | 8 | 9 | 10 | 11 | 12 | 13 | 14 | 15 |

3+8 al 12+8

■ Resuelve las sumas de abajo.

(1)   3 + 8 =

(2)   4 + 8 =

(3)   5 + 8 =

(4)   6 + 8 =

(5)   7 + 8 =

(6)   8 + 8 =

(7)   9 + 8 =

(8)   10 + 8 =

(9)   11 + 8 =

(10) 12 + 8 =

(11) 8 + 8 =

(12) 9 + 8 =

(13) 11 + 8 =

(14) 10 + 8 =

(15) 12 + 8 =

(16) 9 + 8 =

(17) 8 + 8 =

(18) 10 + 8 =

(19) 12 + 8 =

(20) 11 + 8 =

| 11 | 12 | 13 | 14 | 15 | 16 | 17 | 18 | 19 | 20 |

29 Sumando 8

1+8 al 12+8

Nombre

Fecha

■ Resuelve las sumas de abajo.

(1) $1 + 8 =$

(2) $2 + 8 =$

(3) $3 + 8 =$

(4) $4 + 8 =$

(5) $5 + 8 =$

(6) $6 + 8 =$

(7) $7 + 8 =$

(8) $8 + 8 =$

(9) $9 + 8 =$

(10) $10 + 8 =$

(11) $11 + 8 =$

(12) $12 + 8 =$

(13) $1 + 8 =$

(14) $2 + 8 =$

(15) $7 + 8 =$

(16) $8 + 8 =$

(17) $10 + 8 =$

(18) $9 + 8 =$

(19) $11 + 8 =$

(20) $12 + 8 =$

| 1 | 2 | 3 | 4 | 5 | 6 | 7 | 8 | 9 | 10 | 11 | 12 | 13 | 14 | 15 | 16 | 17 | 18 | 19 | 20 |

■ Resuelve las sumas de abajo.

(1) $1 + 8 =$

(2) $2 + 8 =$

(3) $4 + 8 =$

(4) $3 + 8 =$

(5) $5 + 8 =$

(6) $7 + 8 =$

(7) $6 + 8 =$

(8) $8 + 8 =$

(9) $10 + 8 =$

(10) $9 + 8 =$

(11) $11 + 8 =$

(12) $12 + 8 =$

(13) $3 + 8 =$

(14) $2 + 8 =$

(15) $4 + 8 =$

(16) $5 + 8 =$

(17) $7 + 8 =$

(18) $6 + 8 =$

(19) $8 + 8 =$

(20) $9 + 8 =$

| 1 | 2 | 3 | 4 | 5 | 6 | 7 | 8 | 9 | 10 | 11 | 12 | 13 | 14 | 15 | 16 | 17 | 18 | 19 | 20 |

Sumando 8

1+8 al 12+8

Nombre

Fecha

■ Resuelve las sumas de abajo.

(1) 5 + 8 =

(2) 6 + 8 =

(3) 11 + 8 =

(4) 1 + 8 =

(5) 2 + 8 =

(6) 7 + 8 =

(7) 9 + 8 =

(8) 3 + 8 =

(9) 10 + 8 =

(10) 4 + 8 =

(11) 12 + 8 =

(12) 8 + 8 =

(13) 1 + 8 =

(14) 6 + 8 =

(15) 12 + 8 =

(16) 3 + 8 =

(17) 11 + 8 =

(18) 8 + 8 =

(19) 10 + 8 =

(20) 4 + 8 =

1 2 3 4 5 6 7 8 9 10 11 12 13 14 15 16 17 18 19 20

■ Resuelve las sumas de abajo.

(1) $1 + 8 =$

(2) $8 + 8 =$

(3) $2 + 8 =$

(4) $12 + 8 =$

(5) $3 + 8 =$

(6) $7 + 8 =$

(7) $4 + 8 =$

(8) $10 + 8 =$

(9) $5 + 8 =$

(10) $6 + 8 =$

(11) $11 + 8 =$

(12) $9 + 8 =$

(13) $5 + 8 =$

(14) $12 + 8 =$

(15) $9 + 8 =$

(16) $2 + 8 =$

(17) $11 + 8 =$

(18) $10 + 8 =$

(19) $7 + 8 =$

(20) $1 + 8 =$

| 1 | 2 | 3 | 4 | 5 | 6 | 7 | 8 | 9 | 10 | 11 | 12 | 13 | 14 | 15 | 16 | 17 | 18 | 19 | 20 |

Sumando 9

1+9 al 6+9

Nombre

Fecha

A los padres
A partir de esta página, su hijo(a) aprenderá a sumar 9. Si tiene dificultades al sumar 9, por favor anímelo(a) a regresar a practicar la suma del 8 antes de continuar.

■ Resuelve las sumas de abajo.

(1)　　1 + 9 =

(2)　　2 + 9 =

(3)　　3 + 9 =

(4)　　4 + 9 =

(5)　　5 + 9 =

(6)　　6 + 9 =

(7)　　1 + 9 =

(8)　　2 + 9 =

(9)　　4 + 9 =

(10)　　3 + 9 =

(11)　　5 + 9 =

(12)　　6 + 9 =

(13)　　2 + 9 =

(14)　　4 + 9 =

(15)　　1 + 9 =

(16)　　3 + 9 =

(17)　　5 + 9 =

(18)　　6 + 9 =

(19)　　1 + 9 =

(20)　　4 + 9 =

1 2 3 4 5 6 7 8 9 10 11 12 13 14 15

2+9 al 11+9

■ Resuelve las sumas de abajo.

(1)　2 + 9 =

(2)　3 + 9 =

(3)　4 + 9 =

(4)　5 + 9 =

(5)　6 + 9 =

(6)　7 + 9 =

(7)　8 + 9 =

(8)　9 + 9 =

(9)　10 + 9 =

(10)　11 + 9 =

(11)　7 + 9 =

(12)　8 + 9 =

(13)　9 + 9 =

(14)　11 + 9 =

(15)　10 + 9 =

(16)　8 + 9 =

(17)　7 + 9 =

(18)　9 + 9 =

(19)　10 + 9 =

(20)　11 + 9 =

| 11 | 12 | 13 | 14 | 15 | 16 | 17 | 18 | 19 | 20 |

Nombre
Fecha

■ Resuelve las sumas de abajo.

(1) $1 + 9 =$

(2) $2 + 9 =$

(3) $3 + 9 =$

(4) $4 + 9 =$

(5) $5 + 9 =$

(6) $6 + 9 =$

(7) $7 + 9 =$

(8) $8 + 9 =$

(9) $9 + 9 =$

(10) $10 + 9 =$

(11) $11 + 9 =$

(12) $1 + 9 =$

(13) $3 + 9 =$

(14) $2 + 9 =$

(15) $5 + 9 =$

(16) $7 + 9 =$

(17) $9 + 9 =$

(18) $8 + 9 =$

(19) $10 + 9 =$

(20) $11 + 9 =$

1	2	3	4	5	6	7	8	9	10	11	12	13	14	15	16	17	18	19	20

■ Resuelve las sumas de abajo.

(1) $2 + 9 =$

(11) $9 + 9 =$

(2) $3 + 9 =$

(12) $3 + 9 =$

(3) $1 + 9 =$

(13) $4 + 9 =$

(4) $4 + 9 =$

(14) $6 + 9 =$

(5) $6 + 9 =$

(15) $5 + 9 =$

(6) $5 + 9 =$

(16) $7 + 9 =$

(7) $7 + 9 =$

(17) $9 + 9 =$

(8) $8 + 9 =$

(18) $8 + 9 =$

(9) $11 + 9 =$

(19) $10 + 9 =$

(10) $10 + 9 =$

(20) $11 + 9 =$

| 1 | 2 | 3 | 4 | 5 | 6 | 7 | 8 | 9 | 10 | 11 | 12 | 13 | 14 | 15 | 16 | 17 | 18 | 19 | 20 |

33

Sumando 9

$1+9$ al $11+9$

Nombre

Fecha

■ Resuelve las sumas de abajo.

(1) $7 + 9 =$

(2) $5 + 9 =$

(3) $8 + 9 =$

(4) $4 + 9 =$

(5) $3 + 9 =$

(6) $6 + 9 =$

(7) $9 + 9 =$

(8) $1 + 9 =$

(9) $2 + 9 =$

(10) $10 + 9 =$

(11) $11 + 9 =$

(12) $5 + 9 =$

(13) $7 + 9 =$

(14) $9 + 9 =$

(15) $1 + 9 =$

(16) $8 + 9 =$

(17) $11 + 9 =$

(18) $2 + 9 =$

(19) $10 + 9 =$

(20) $6 + 9 =$

| 1 | 2 | 3 | 4 | 5 | 6 | 7 | 8 | 9 | 10 | 11 | 12 | 13 | 14 | 15 | 16 | 17 | 18 | 19 | 20 |

■ Resuelve las sumas de abajo.

(1) $1 + 9 =$

(2) $5 + 9 =$

(3) $3 + 9 =$

(4) $6 + 9 =$

(5) $8 + 9 =$

(6) $9 + 9 =$

(7) $4 + 9 =$

(8) $11 + 9 =$

(9) $7 + 9 =$

(10) $2 + 9 =$

(11) $10 + 9 =$

(12) $4 + 9 =$

(13) $3 + 9 =$

(14) $11 + 9 =$

(15) $8 + 9 =$

(16) $1 + 9 =$

(17) $7 + 9 =$

(18) $2 + 9 =$

(19) $10 + 9 =$

(20) $9 + 9 =$

| 1 | 2 | 3 | 4 | 5 | 6 | 7 | 8 | 9 | 10 | 11 | 12 | 13 | 14 | 15 | 16 | 17 | 18 | 19 | 20 |

34

Repaso

Sumando 7, 8, y 9

Nombre

Fecha

A los padres
A partir de esta página, su hijo(a) repasará las sumas que incluyen los números 7, 8 y 9. Si tiene dificultades, por favor anímelo(a) a regresar a las etapas anteriores.

■ Resuelve las sumas de abajo.

(1) $1 + 7 =$

(2) $2 + 7 =$

(3) $3 + 7 =$

(4) $4 + 7 =$

(5) $5 + 7 =$

(6) $6 + 7 =$

(7) $1 + 8 =$

(8) $2 + 8 =$

(9) $3 + 8 =$

(10) $4 + 8 =$

(11) $5 + 8 =$

(12) $6 + 8 =$

(13) $7 + 8 =$

(14) $1 + 9 =$

(15) $2 + 9 =$

(16) $3 + 9 =$

(17) $4 + 9 =$

(18) $5 + 9 =$

(19) $6 + 9 =$

(20) $7 + 9 =$

■ Resuelve las sumas de abajo.

(1) $7 + 7 =$

(2) $7 + 8 =$

(3) $5 + 9 =$

(4) $8 + 7 =$

(5) $8 + 8 =$

(6) $6 + 9 =$

(7) $9 + 7 =$

(8) $9 + 8 =$

(9) $7 + 9 =$

(10) $10 + 7 =$

(11) $10 + 8 =$

(12) $8 + 9 =$

(13) $11 + 7 =$

(14) $11 + 8 =$

(15) $9 + 9 =$

(16) $12 + 7 =$

(17) $12 + 8 =$

(18) $10 + 9 =$

(19) $13 + 7 =$

(20) $11 + 9 =$

Repaso

Sumando 7, 8, y 9

Nombre

Fecha

■ Resuelve las sumas de abajo.

(1) $1 + 7 =$

(2) $1 + 8 =$

(3) $1 + 9 =$

(4) $3 + 7 =$

(5) $4 + 8 =$

(6) $2 + 9 =$

(7) $5 + 7 =$

(8) $5 + 8 =$

(9) $3 + 9 =$

(10) $8 + 7 =$

(11) $6 + 8 =$

(12) $4 + 9 =$

(13) $9 + 7 =$

(14) $9 + 8 =$

(15) $7 + 9 =$

(16) $10 + 7 =$

(17) $11 + 8 =$

(18) $11 + 9 =$

(19) $13 + 7 =$

(20) $12 + 8 =$

■ Resuelve las sumas de abajo.

(1) $6 + 7 =$

(2) $7 + 7 =$

(3) $5 + 9 =$

(4) $3 + 9 =$

(5) $3 + 8 =$

(6) $2 + 7 =$

(7) $9 + 9 =$

(8) $7 + 8 =$

(9) $10 + 8 =$

(10) $11 + 7 =$

(11) $8 + 9 =$

(12) $2 + 8 =$

(13) $6 + 9 =$

(14) $4 + 7 =$

(15) $12 + 8 =$

(16) $12 + 7 =$

(17) $10 + 9 =$

(18) $2 + 9 =$

(19) $5 + 8 =$

(20) $8 + 8 =$

Repaso

Sumando 7, 8, y 9

Nombre

Fecha

■ Resuelve las sumas de abajo.

(1) $1 + 7 =$

(2) $3 + 8 =$

(3) $4 + 9 =$

(4) $9 + 7 =$

(5) $6 + 8 =$

(6) $8 + 9 =$

(7) $10 + 9 =$

(8) $2 + 7 =$

(9) $4 + 8 =$

(10) $8 + 7 =$

(11) $9 + 9 =$

(12) $8 + 8 =$

(13) $10 + 8 =$

(14) $11 + 7 =$

(15) $7 + 9 =$

(16) $11 + 8 =$

(17) $5 + 7 =$

(18) $1 + 9 =$

(19) $10 + 7 =$

(20) $11 + 9 =$

■ Resuelve las sumas de abajo.

(1) $2 + 9 =$ (11) $8 + 9 =$

(2) $6 + 9 =$ (12) $9 + 7 =$

(3) $12 + 8 =$ (13) $2 + 8 =$

(4) $7 + 8 =$ (14) $10 + 9 =$

(5) $9 + 8 =$ (15) $5 + 9 =$

(6) $3 + 7 =$ (16) $6 + 7 =$

(7) $3 + 9 =$ (17) $13 + 7 =$

(8) $7 + 7 =$ (18) $1 + 8 =$

(9) $5 + 8 =$ (19) $11 + 7 =$

(10) $4 + 7 =$ (20) $8 + 8 =$

37

Repaso

Sumando del 6 al 9

Nombre

Fecha

A los padres

A partir de esta página, su hijo(a) repasará las sumas que incluyen los números 6, 7, 8 y 9. Si tiene dificultades, por favor anímelo(a) a regresar a las etapas anteriores.

■ Resuelve las sumas de abajo.

(1) $3 + 6 =$

(2) $1 + 7 =$

(3) $2 + 8 =$

(4) $4 + 9 =$

(5) $7 + 6 =$

(6) $10 + 6 =$

(7) $3 + 7 =$

(8) $7 + 8 =$

(9) $5 + 7 =$

(10) $6 + 9 =$

(11) $3 + 8 =$

(12) $8 + 9 =$

(13) $11 + 6 =$

(14) $9 + 8 =$

(15) $9 + 7 =$

(16) $10 + 9 =$

(17) $12 + 8 =$

(18) $12 + 7 =$

(19) $11 + 9 =$

(20) $13 + 6 =$

■ Resuelve las sumas de abajo.

(1) $1 + 9 =$

(2) $4 + 7 =$

(3) $2 + 8 =$

(4) $8 + 6 =$

(5) $1 + 6 =$

(6) $4 + 8 =$

(7) $7 + 7 =$

(8) $4 + 6 =$

(9) $7 + 9 =$

(10) $5 + 9 =$

(11) $11 + 7 =$

(12) $12 + 6 =$

(13) $4 + 9 =$

(14) $9 + 8 =$

(15) $6 + 8 =$

(16) $8 + 7 =$

(17) $10 + 7 =$

(18) $9 + 9 =$

(19) $10 + 8 =$

(20) $14 + 6 =$

38

Repaso

Sumando del 6 al 9

Nombre

Fecha

■ Resuelve las sumas de abajo.

(1) $1 + 8 =$

(2) $9 + 8 =$

(3) $6 + 9 =$

(4) $11 + 6 =$

(5) $3 + 6 =$

(6) $7 + 9 =$

(7) $2 + 7 =$

(8) $5 + 7 =$

(9) $3 + 9 =$

(10) $5 + 6 =$

(11) $11 + 7 =$

(12) $5 + 8 =$

(13) $6 + 7 =$

(14) $11 + 9 =$

(15) $3 + 7 =$

(16) $14 + 6 =$

(17) $4 + 8 =$

(18) $9 + 9 =$

(19) $2 + 6 =$

(20) $11 + 8 =$

■Resuelve las sumas de abajo.

(1) $10 + 7 =$

(2) $9 + 6 =$

(3) $13 + 7 =$

(4) $11 + 9 =$

(5) $5 + 9 =$

(6) $10 + 8 =$

(7) $6 + 6 =$

(8) $2 + 7 =$

(9) $1 + 9 =$

(10) $1 + 8 =$

(11) $11 + 8 =$

(12) $8 + 9 =$

(13) $2 + 9 =$

(14) $12 + 7 =$

(15) $10 + 6 =$

(16) $5 + 7 =$

(17) $3 + 8 =$

(18) $8 + 8 =$

(19) $13 + 6 =$

(20) $1 + 6 =$

39

Repaso

Sumando del 1 al 9

Nombre

Fecha

A los padres A partir de esta página, su hijo(a) repasará las sumas que incluyen los números del 1 al 9. Si tiene dificultades, por favor anímelo(a) a regresar a las etapas anteriores. Si puede resolver estos problemas fácilmente, esto significa que ha dominado cómo sumar un número de un dígito con un número entero. Felicite a su hijo(a).

■ Resuelve las sumas de abajo.

(1) $11 + 1 =$

(2) $8 + 2 =$

(3) $4 + 3 =$

(4) $11 + 4 =$

(5) $8 + 5 =$

(6) $2 + 6 =$

(7) $7 + 7 =$

(8) $6 + 8 =$

(9) $9 + 9 =$

(10) $14 + 3 =$

(11) $8 + 4 =$

(12) $12 + 5 =$

(13) $19 + 1 =$

(14) $20 + 2 =$

(15) $12 + 3 =$

(16) $5 + 6 =$

(17) $9 + 8 =$

(18) $4 + 9 =$

(19) $5 + 7 =$

(20) $8 + 6 =$

■ Resuelve las sumas de abajo.

(1) $6 + 6 =$

(2) $4 + 8 =$

(3) $7 + 3 =$

(4) $15 + 5 =$

(5) $6 + 7 =$

(6) $18 + 2 =$

(7) $2 + 9 =$

(8) $7 + 4 =$

(9) $23 + 1 =$

(10) $24 + 2 =$

(11) $14 + 4 =$

(12) $8 + 7 =$

(13) $12 + 8 =$

(14) $16 + 3 =$

(15) $12 + 6 =$

(16) $9 + 1 =$

(17) $13 + 7 =$

(18) $7 + 5 =$

(19) $9 + 2 =$

(20) $8 + 9 =$

Nombre

Fecha

■ Resuelve las sumas de abajo.

(1) $15 + 3 =$

(2) $13 + 4 =$

(3) $9 + 6 =$

(4) $3 + 8 =$

(5) $7 + 9 =$

(6) $15 + 2 =$

(7) $8 + 8 =$

(8) $4 + 7 =$

(9) $6 + 5 =$

(10) $1 + 9 =$

(11) $29 + 1 =$

(12) $7 + 8 =$

(13) $6 + 4 =$

(14) $10 + 5 =$

(15) $4 + 6 =$

(16) $10 + 1 =$

(17) $9 + 7 =$

(18) $4 + 2 =$

(19) $16 + 4 =$

(20) $9 + 3 =$

■ Resuelve las sumas de abajo.

(1) $2 + 8 =$

(2) $14 + 6 =$

(3) $8 + 5 =$

(4) $3 + 3 =$

(5) $10 + 9 =$

(6) $27 + 1 =$

(7) $8 + 7 =$

(8) $14 + 2 =$

(9) $3 + 9 =$

(10) $15 + 4 =$

(11) $9 + 5 =$

(12) $19 + 2 =$

(13) $6 + 9 =$

(14) $13 + 3 =$

(15) $5 + 5 =$

(16) $3 + 7 =$

(17) $5 + 8 =$

(18) $9 + 4 =$

(19) $7 + 6 =$

(20) $16 + 1 =$

Diploma de Cumplimiento

y se le felicita por haber terminado

Mi libro de Sumas

Dado el _____ , 20 ___

_____
Padre o tutor(a)

$12 + 5 = 17$